CATALOGUE

D'OBJETS D'ART, DE CURIOSITÉ
ET D'AMEUBLEMENT

Tels que : Vases et Pendules en porcelaine de Sèvres, richement décorés et montés en bronze doré, Meubles en bois de rose, ornés de belles plaques en porcelaine de Sèvres décorées de fleurs et de sujets, d'après Boucher; Cassolettes, Pièces de surtout de table, et quantité d'Objets variés, en porcelaine de Sèvres, richement montés, Meubles et Pendules en marqueterie de Boule, Dorures, Porcelaines de Chine et du Japon, etc.,

DONT LA VENTE AURA LIEU

Par suite du décès de M. Moncoisin neveu,

En la Salle n° 3 de l'Hôtel des Ventes mobilières,

RUE DES JEUNEURS, N. 16.

LES LUNDI 8 ET MARDI 9 DÉCEMBRE 1845, A MIDI,

Par le ministère de M° RIDEL, Commissaire-Priseur,
335, rue Saint-Honoré,

Assisté de M. ROUSSEL, Expert, rue St-Georges, 6.

EXPOSITION PUBLIQUE

Le dimanche 7 décembre 1845, de midi à quatre heures.

CE CATALOGUE SE DISTRIBUE

A Paris, chez M. RIDEL, Commissaire-Priseur,
chez M. ROUSSEL, Expert,
Et à Londres, chez MM. TOWN et EMMANUEL, 108, New Bond street.

PARIS.

IMPRIMERIE ET LITHOGRAPHIE DE MAULDE ET RENOU,
rue Bailleul, 9 et 11, près du Louvre.

1845

CATALOGUE

D'OBJETS D'ART, DE CURIOSITÉ

ET D'AMEUBLEMENT

Tels que : Vases et Pendules en porcelaine de Sèvres, richement décorés et montés en bronze doré, Meubles en bois de rose, ornés de belles plaques en porcelaine de Sèvres décorées de fleurs et de sujets, d'après Boucher; Cassolettes, Pièces de surtout de table, et quantité d'Objets variés, en porcelaine de Sèvres, richement montés, Meubles et Pendules en marqueterie de Boule, Dorures, Porcelaines de Chine et du Japon, etc.,

DONT LA VENTE AURA LIEU

Par suite du décès de M. Monroisin neveu,

En la Salle n° 3 de l'Hôtel des Ventes mobilières,

RUE DES JEUNEURS, N. 16.

Les LUNDI 8 ET MARDI 9 DÉCEMBRE 1845, A MIDI,

Par le ministère de M° RIDEL, Commissaire-Priseur,
335, rue Saint-Honoré,

Assisté de M. ROUSSEL, Expert, rue St-Georges, 6.

EXPOSITION PUBLIQUE

Le dimanche 7 décembre 1845, de midi à quatre heures.

CE CATALOGUE SE DISTRIBUE

A Paris, chez M. RIDEL, Commissaire-Priseur,
chez M. ROUSSEL, Expert,
Et à Londres, chez MM. TOWN et EMMANUEL, 108, New Bond street.

1845

CONDITIONS DE LA VENTE.

Elle sera faite au comptant.

Les acquéreurs paieront, en sus des adjudications, cinq pour cent, applicables aux frais.

IMPRIMERIE ET LITHOGRAPHIE DE MAULDE ET RENOU,
Rue Bailleul, 9 et 11, près du Louvre.

CATALOGUE

D'OBJETS DE CURIOSITÉ.

DÉSIGNATION.

1. — Plateau carré à galerie à jours, en porcelaine de Sèvres bleu turquoise, pâte tendre, avec riche monture à consoles en cuivre doré à l'or moulu.
2. — Grand miroir, dont le cadre en bois de rose est orné de plaques en porcelaine de Sèvres décorées de fleurs avec entrelacs bleu turquoise et enrichi de bronzes dorés à l'or moulu.
3. — Jardinière ovale en porcelaine de Sèvres, pâte tendre, fond vert, avec belle monture à dauphins en bronze doré.
4. — Belle garniture de cheminée, composée d'une pendule et deux aiguières en porcelaine de vieux Sèvres, pâte tendre, bleu turquoise à médaillons de marines, richement montées en bronze doré.
5. — Écritoire et deux petits plateaux carrés, en vieux laque du Japon, fond noir à dessins d'or faisant relief, avec galerie rocaille à jours en bronze doré.

6 — Deux petits plateaux carrés en laque, fond noir à dessins d'or; monture en bronze en couleur.

7 — Jolie pendule, ornée de colonnes et de plaques en porcelaine de Sèvres bleu turquoise, décorées de sujet et de trophées de musique très finement peints, avec riche monture en bronze doré.

8 — Petit vase en porcelaine de Sèvres, gros-bleu à réseaux d'or, orné de médaillons à sujets pastoraux; monté en bronze doré.

9 — Deux cassolettes en porcelaine de Sèvres, pâte tendre, à cartels de fleurs et d'oiseaux, montés en bronze doré.

10 — Plateau triangulaire en porcelaine de Sèvres gros bleu, à dessins d'or.

11 — Joli coffre à bijoux, en bronze doré, enrichi de plaques en porcelaine de Sèvres, pâte tendre bleu turquoise.

12 — Petite jardinière ovale en porcelaine de Sèvres, pâte tendre, bleu turquoise, à sujet d'enfants d'après Boucher; montée en bronze doré.

13 — Deux petites girandoles à trois lumières placées dans des vases sur fûts de colonnes en porcelaine de Sèvres, bleu turquoise, décorés de fleurs et d'oiseaux; montés en bronze doré.

14 — Deux petits vases, forme d'aiguières, en porcelaine de Sèvres, pâte tendre, fond

vert à médaillons de paysage; montés en bronze doré.

15 — Six assiettes à dessins gaufrés, en porcelaine de Sèvres, pâte tendre, bleu turquoise, à médaillons d'oiseaux.

16 — Douze assiettes en porcelaine de Sèvres, bleu turquoise, décorées de fleurs.

17 — Soupière ovale en porcelaine de Sèvres, pâte tendre bleu turquoise, ornée de guirlandes de fleurs.

18 — Deux petites aiguières en porcelaine de Sèvres, pâte tendre, bleu turquoise, à médaillons d'oiseaux; montées en bronze doré.

19 — Six manches de couteaux en porcelaine de Chantilly, bleu turquoise et or.

20 — Deux jardinières carrées, en mosaïque en relief, genre de Florence, représentant des fruits et des fleurs, exécutées en matières dures, avec riches montures rocailles en bronze doré.

21 — Trois vases forme Médicis en porcelaine de Sèvres, pâte tendre, bleu de roi à médaillons ornés de marines et de paysages très bien peints; montés en bronze doré.

22 — Belle garniture de trois vases en porcelaine de Sèvres, pâte tendre, bleu de roi, à sujets pastoraux d'après Boucher; montés en bronze doré.

23 — Beau bureau en bois de rose, dont le pourtour et le dessus sont ornés de plaques

en porcelaine de Sèvres, bleu turquoise, décorées de fleurs d'oiseaux, richement garni de bronze doré.

24 — Jardinière, style Louis XV, en bois de rose, enrichie de quatre plaques en porcelaine de Sèvres, bleu turquoise, décorées de fleurs formant tablier, richement garnie de bronzes dorés.

25 — Deux bras de cheminée anciens, rocailles à deux lumières en bronze doré.

26 — Bougeoir formé par un bouquet de fleurs en porcelaine de Sèvres, avec feuillage en bronze doré.

27 — Deux vases de forme ovoïde en porcelaine de Sèvres, pâte tendre, bleu turquoise, à médaillons d'oiseaux et de fleurs ; montures rocailles en bronze doré très riches.

28 — Deux figures en porcelaine de Chine, faisant flambeaux, garnies en bronze doré.

29 — Deux bouteilles en porcelaine de Chine, montées en aiguières, en bronze doré.

30 — Deux petits vases rosés, décorés de fleurs, montés en bronze doré.

31 — Deux poules en porcelaine de Chine.

32 — Un perroquet vert en porcelaine de Chine.

33 — Deux vases, forme bouteille, en craquelé de Chine.

34 — Une théière en porcelaine de Chine ayant la forme d'un poisson.

35 — Deux petits vases, forme tulipe, en porce-

laine de Sèvres, fond rose à médaillons d'oiseaux.

36 — Deux petites aiguières en porcelaine de Sèvres, pâte tendre, fond bleu turquoise à réseaux d'or, avec médaillons d'oiseaux; montées en bronze doré.

37 — Grand bouquet rocaille, pour milieu de table, en bronze doré, garni de sept compotiers en porcelaine de Sèvres, pâte tendre, bleu turquoise, décorés de médaillons à sujets d'enfants, d'après Boucher, de fleurs et d'oiseaux; dans le socle est un groupe de deux enfants en Sèvres bleu turquoise rehaussé d'or.

Cette pièce est remarquable par sa richesse.

38 — Deux cassolettes en porcelaine de Sèvres, pâte tendre, bleu turquoise, avec montures à trépied très riches en bronze doré.

39 — Grande cassolette pour milieu, en porcelaine de Sèvres bleu turquoise, monture rocaille en bronze doré.

40 — Deux étagères pour surtout de table, en porcelaine de Sèvres, bleu turquoise, décorées de fleurs; montées en bronze doré.

41 — Quatre compotiers en porcelaine de Sèvres, bleu turquoise, propres à composer deux étagères semblables aux précédentes.

42 — Deux vases en porcelaine de Sèvres, pâte tendre, bleu turquoise, ornés de médaillons à sujets, d'après Boucher, avec ri-

ches montures à têtes de faunes en bronze doré.

43 — Deux vases, forme Médicis, en porcelaine de Sèvres, bleu turquoise, à cartels de fruits et de fleurs.

44 — Deux petites caisses à fleurs, en porcelaine de Sèvres, bleu turquoise, décorées d'oiseaux, garnies en bronze doré.

45 — Porte-huilier en argent, formé de branches de vigne et d'olivier enlacées; d'un très beau travail; il pèse 1560 grammes. Les carafes sont en cristal taillé.

46 — Deux petits vases en porcelaine de Sèvres, fond vert, sur piédestaux blancs également en porcelaine de Sèvres, décorés de fleurs.

47 — Bas-relief en bronze, du XVIe siècle (la Nativité).

48 — Deux étagères de suspension, en bois noir, garnies de cuivre, style Louis XV.

49 — Deux vases en porcelaine de Chine, fond céladon, décorés de papillons et de fleurs; ils sont disposés pour lampes.

50 — Beau coffre de mariage, en bois de rose, orné d'une plaque en porcelaine de Sèvres, bleu turquoise, et richement garni de bronzes rocailles dorés à l'or moulu, sur pied en forme de table, également riche.

51 — Autre coffre de mariage, dans le style de Louis XV, enrichi de plaques en porce-

laine de Sèvres, bleu de roi, décorées de médaillons à sujets d'enfants, d'après Boucher, et de fleurs; le pied et le coffre sont garnis de bronzes dorés.

52 — Coffre à châles, en ancienne marqueterie de bois, avec plaque en porcelaine de Sèvres, gros bleu, décorée de fleurs; le pied et le coffre sont garnis de bronzes très riches.

53 — Pendule, forme de vase, à cadran tournant, en porcelaine de Sèvres, pâte tendre, fond rose, décorée de fleurs et richement montée en bronze doré.

54 — Grand et bel encrier en bronze doré, orné de plaques en porcelaine de Sèvres, bleu turquoise, décorées de bouquets de fleurs; il est très riche et d'un bel effet.

55 — Deux encoignures du temps de Louis XV, en bois rose, avec fleurs en marqueterie de bois de couleur, garnies de bronzes dorés.

56 — Garniture de cinq vases, en porcelaine de Chine.

57 — Deux presse-papiers en mosaïque en relief, représentant des fruits exécutés en pierre dure.

58 — Un presse-papier du même genre, représentant une tulipe.

59 — Un presse-papier du même genre, représentant une pomme.

60 — Ecritoire, forme coquille, en bois de rose,

ornée de porcelaines de Sèvres, bleu turquoise, avec médaillons à sujets et fleurs, garni de bronzes dorés.

61 — Jardinière en bois de citron, ornée de plaques en porcelaine de Sèvres, pâte tendre, bleu turquoise, à cartels d'oiseaux et de bouquets de fleurs, garnie en bronze doré.

62 — Bougeoir en porcelaine de Sèvres, gros bleu, à cartels d'oiseaux, monté en bronze doré.

63 — Autre bougeoir plus grand, à cartels de fruits et de fleurs.

64 — Bougeoir en bronze doré, avec figure d'enfant.

65 — Petit encrier en porcelaine de Sèvres, bleu turquoise, décoré de fleurs; monté en bronze doré.

66 — Deux cuvettes en porcelaine de Sèvres, pâte tendre, non décorées, de très belles formes.

67 — Ecritoire en bois de rose, garnie de plaques en porcelaine de Sèvres, bleu turquoise, décorées de guirlandes de fleurs; montée en bronze doré.

68 — Petit chiffonnier du temps de Louis XV, en marqueterie de bois à fleurs, garni de deux tiroirs et de deux portes; orné de bronzes dorés.

69 — Très jolie boîte en bois de rose, ornée de plaques en porcelaine de Sèvres, bleu

turquoise, à sujets d'après Boucher, garnie en bronze doré.

70 — Autre boîte, style Louis XV, ornée de plaques en porcelaine de Sèvres, décorées d'oiseaux et de fleurs, garnie de bronze rocaille doré.

71 — Deux flambeaux rocailles en bronze doré, garnis de fleurs en porcelaine de Sèvres.

72 — Un flambeau en porcelaine tendre, fond rose, figurant un tronc d'arbre.

73 — Pendule, forme droite, en marqueterie de Boule ornée de cuivres.

74 — Écritoire rocaille avec porte-plume, en bronze doré, garnie de trois godets en porcelaine de Sèvres bleu turquoise.

75 — Grande soupière et son plateau en porcelaine blanche, avec armoiries émaillées en couleur.

76 — Trois glacières en porcelaine de Sèvres, non décorées.

77 — Sucrier ovale en porcelaine de Sèvres, à bouquets de fleurs.

78 — Une tasse à chocolat, porcelaine de Sèvres à bouquets.

79 — Autre tasse à petits bouquets.

80 — Trois groupes de figures en Sèvres blanc.

81 — Vase de nuit, blanc à fleurs.

82 — Trois saladiers à feuilles de choux, vieux Sèvres.

83 — Trois compotiers, dito.

84 — Deux vases forme de gourde en céladon

fleuri, avec monture rocaille, riche, en bronze doré.

85 — Deux flambeaux, style Louis XVI, en porcelaine de Sèvres, pâte tendre, bleu turquoise, décorés de fleurs ; montés en bronze doré.

86 — Petit encrier en porcelaine de Sèvres bleu turquoise, décoré de guirlandes de fleurs, avec monture rocaille ornée de papillons, en bronze doré.

87 — Deux compotiers en porcelaine de Sèvres, pâte tendre, bleu turquoise, décorés de fleurs.

88 — Trois plats dito, festonnés.

89 — Une paire de bras à deux lumières, du temps de Louis XVI, en bronze doré.

90 — Girandole rocaille à deux lumières, faisant porte-mouchettes en bronze doré.

91 — Deux petits vases, en porcelaine de Chine bleu turquoise, avec montures rocailles en bronze.

92 — Théière ronde en porcelaine de Chine, fond blanc, décorée de fleurs.

93 — Soupière en porcelaine de Saxe, décorée de fleurs.

94 — Deux vases en porcelaine de Chine, blancs à fleurs.

95 — Bouteille en porcelaine de Chine à dessins bleus.

96 — Six assiettes en émail de Chine, fond blanc décorés de fleurs.

97 — Petite boîte à thé en porcelaine de Saxe, garnie en argent.
98 — Petite bouteille en ancien craquelé, avec pied rocaille en bronze doré.
99 — Joli vase de forme aplatie, en porcelaine de Chine, décoré de fleurs en relief et de médaillons à sujets, monture rocaille en cuivre doré.
100 — Petit bougeoir en émail de Chine, monté en bronze.
101 — Deux petites coupes ovales en porcelaine de Chine, montées en bronze doré.
102 — Deux petits vases en porcelaine de Chine, fond bleu à médaillons de fleurs, montés en bronze en couleur.
103 — Quatre plats en porcelaine du Japon.
104 — Un vase en porcelaine du Japon.
105 — Diverses tasses et soucoupes en porcelaine de Chine et du Japon.
106 — Une théière et cinq tasses en porcelaine de Chine, fond brun à médaillons de fleurs.
107 — Garniture de cinq vases en porcelaine de Chine, fond blanc, décorés de fleurs en relief.
108 — Garniture de cinq vases en porcelaine de Chine, décorés de fleurs émaillées en couleur faisant légèrement relief.
109 — Garniture de cinq vases en porcelaine de Chine à dessins bleus.
110 — Cinq vases en porcelaine du Japon, décorés de fleurs.

111 — Garniture de cinq pièces décorées d'oiseaux et de fleurs.
112 — Deux cornets en porcelaine de Chine, fond bleu à médaillons de fleurs, montés en bronze doré.
113 — Deux cassolettes en porcelaine de Chine, décorées en dedans et en dehors, avec montures rocailles en bronze et couleur.
114 — Deux cornets en porcelaine de Chine très fine, décorés de mandarins; montures rocailles en bronze.
115 — Sept vases en porcelaine de Chine, décorés de fleurs.
116 — Deux pots à oignons, en porcelaine de Sèvres, à fleurs.
117 — Un compotier fond blanc à bouquet, en porcelaine de Sèvres, pâte tendre.
118 — Une paire de vases d'applique imitant des rochers avec oiseaux, en porcelaine de Chine, garnis de bronze doré.
119 — Une théière en porcelaine de Sèvres, fond jaune, à médaillons de paysages.
120 — Deux plateaux en porcelaine de Sèvres bleu turquoise décorés de fleurs; monture à panier en bronze doré.
121 — Petite coupe en porcelaine de Chine, montée en bronze doré.
122 — Petite coupe en porcelaine de Sèvres, bleu de roi, à médaillons de fleurs; montée en bronze doré.
123 — Grande et belle paire de vases en porcelaine

de Sèvres pâte tendre, bleu de roi, avec médaillons d'enfants d'après Boucher, richement montés en bronze doré ; la monture des piédestaux de forme triangulaire est ornée aux angles par des figures de sirènes également en bronze doré, et enrichie de plaques en porcelaine de Sèvres décorées de paysages.

Hauteur totale : 88 c.

124 — Table ronde en bois de rose, garnie de bronzes dorés et enrichie de plaques en porcelaine de Sèvres bleu turquoise, à sujets.

125 — Petite table à ouvrage en bois de rose, ornée de plaques en porcelaine de Sèvres, bleu de roi, à médaillons d'oiseaux et de fleurs, richement montée en bronze doré.

126 — Autre petite table formant coffre, ornée de plaques en porcelaine de Sèvres, bleu turquoise, à médaillons d'oiseaux et de fleurs ; garnie de bronzes dorés.

127 — Belle écritoire en porcelaine de Sèvres, bleu turquoise, décorée d'oiseaux et de fleurs ; montée en bronze doré.

128 — Autre écritoire de forme triangulaire en porcelaine de Sèvres, bleu turquoise, décorée de fleurs, garnie en cuivre doré.

129 — Beau miroir style Louis XV, le cadre en bronze doré est orné de plaques en porcelaine de Sèvres, bleu turquoise à médail-

lons d'enfants d'après Boucher, la glace est biseautée.

130 — Boîte carrée en marqueterie de trois parties.

131 — Ecritoire en porcelaine de Sèvres, bleu turquoise, à médaillon de fleurs; montée en bronze doré.

132 — Grande écritoire en laque, style Louis XV, garnie de trois godets et de bronzes rocailles.

133 — Deux grands plats en porcelaine de Sèvres, bleu turquoise, monté pour surtout de table et supportés par des dauphins, en bronze doré.

134 — Garniture de cheminée, composée d'une pendule à cadran tournant et de deux vases en porcelaine de Sèvres, pâte tendre, gros bleu, à médaillons à sujets et fleurs, sur piédestaux, richement montés en bronze doré.

135 — Deux jardinières ovales en porcelaine de Sèvres, gros bleu, décorées de fleurs, avec montures rocailles riches, à enfants ailés, en bronze doré.

136 — Deux petites cassolettes rondes en porcelaine de Sèvres, bleu de roi, à sujets d'enfants d'après Boucher et fleurs, avec monture très riche à guirlandes de fleurs et enfants supportant les coupes, en bronze doré.

137 — Pendule forme de vase, en porcelaine de

Sèvres, gros bleu à dessin d'or, sur piédestal, ornée de plaques en porcelaine de Sèvres, à médaillons de fruits et de fleurs, monture en bronze doré.

138 — Deux saladiers feuilles de choux, blanc de Sèvres.

139 — Pot à eau et sa cuvette, blanc de Sèvres.

140 — Trois corbeilles à jours, en blanc de Sèvres.

141 — Pendule forme de vase, en porcelaine de Sèvres, bleu turquoise à réseaux d'or, sur piédestal, ornée de plaques en porcelaine, à sujets d'enfants et de fleurs; richement montée en bronze doré.

142 — Autre pendule, formée par un fût de colonne surmonté d'un petit vase, en porcelaine de Sèvres, bleu turquoise, décorée de fleurs; monté en bronze doré.

143 — Cassolette en porcelaine de Sèvres, bleu turquoise, montée en bronze doré.

144 — Autre cassolette du même genre.

145 — Deux petits meubles à hauteur d'appui en marqueterie de Boule sur écaille rouge garnis de bronzes.

146 — Vase en porcelaine de Sèvres, bleu turquoise, monté en bronze doré.

147 — Deux vases en porcelaine de Sèvres, fond bleu de roi à médaillons de fleurs et d'oiseaux, montés en bronze doré; ils contiennent des bouquets de lis avec fleurs en porcelaine de Sèvres.

148 — Plusieurs lots de fleurs en porcelaine de Sèvres.
149 — Grande pendule ancienne du temps de Louis XVI, en bronze doré, sur socle en marbre blanc.
150 — Bibliothèque ancienne en marqueterie de Boule, sur écaille noire; les deux portes sont à panneaux marquetés en plein dans le bas, et vitrées dans le haut.
151 — Grand bureau en marqueterie de Boule, enrichie de fleurs de couleur, richement garni de cuivres dorés.
152 — Autre beau bureau ancien en marqueterie de Boule, première partie sur ébène, garni de bronzes dorés.
153 — Belle paire de meubles en marqueterie de Boule, ornés de cuivres dorés et à dessus de marbre.
154 — Très belle commode ancienne en marqueterie de Boule, sur ébène, ornée de cuivres et de mascarons; dessus en marbre.
155 — Grand régulateur du temps de Louis XV, en bois de rose, richement garni de cuivres.
156 — Beau bureau en bois de rose du temps de Louis XV, garni de bronzes dorés.
157 — Belle paire de feux anciens, du temps de Louis XVI, en bronze doré.
158 — Grande commode en marqueterie de bois, genre de Riesner, garnie de bronzes dorés.

159 — Deux bureaux en bois de rose, garnis de cuivres.
160 — Grand meuble en marqueterie de bois, formant secrétaire; le pied est à X et le haut est garni de tiroirs.
161 — Une paire de girandoles anciennes, du temps de Louis XVI, à trois lumières, en bronze doré.
162 — Grande pendule de Boule, forme cintrée, garnie de cuivre.
163 — Autre pendule de Boule, forme droite, garnie de cuivres.
164. — Cartel à vase, du temps de Louis XVI, en bronze doré.
165 — Autre cartel ancien, du temps de Louis XV, à rocaille, avec enfant, en bronze doré.
166 — Plusieurs paires de flambeaux anciens, en bronze doré.
167 — Grande paire de feux rocailles, anciens, du temps de Louis XV, en bronze doré; ils sont garnis de leurs fers.
168 — Belle paire de feux anciens, à trois lumières, du temps de Louis XVI, en bronze doré.
169 — Autre paire de bras anciens, à trois lumières, en bronze doré.

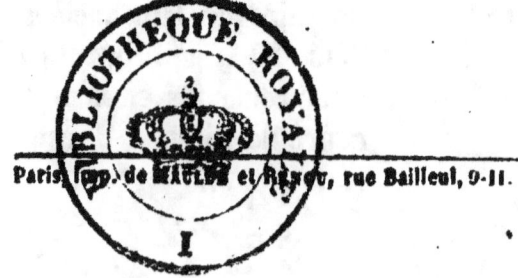

Paris, imp. de MAULDE et RENOU, rue Bailleul, 9-11.

LE CABINET

DE

L'AMATEUR ET DE L'ANTIQUAIRE

REVUE MENSUELLE

PUBLIÉE PAR MM. EUGÈNE PIOT ET FRÉDÉRIC VILLOT.

3ᵉ Année.

Ce recueil paraît tous les mois par livraisons de trois feuilles (48 pages) grand in-4° avec planches et illustrations dans le texte. Outre des eaux fortes de MM. Eug. Delacroix, Th. Chasseriau, L. Meissonier, Émile Wattier, etc., nous citerons parmi les travaux déjà publiés les articles suivants :

Sur l'étude des vases antiques par M. Ch. Lenormant. — Des faussaires en médailles, Jean Cavino et Alex. Bassiano Padouans (1ʳᵉ partie), par M. de Montigny. — Considérations sur les graveurs en médailles et en pierres fines de l'antiquité, par M. Raoul-Rochette. — De l'architecture militaire au moyen âge, par MM. Mérimée et Ab. Lenoir (orné de 120 gravures sur bois).

Histoire de la vie et des ouvrages de Bernard Palissy, par M. Eug. Piot. — Description de quelques monuments émaillés du moyen âge, par M. de Longpérier. — Histoire des armes de guerre, Panoplie antique et moderne, par M. Granier de Cassagnac. — Traité d'orfévrerie de *Benvenuto Cellini*, traduit pour la première fois par M. Eug. Piot. — Histoire du verre et des vitraux peints, par M. L. Batissier. (*Travail étendu, orné de dix planches de vitraux coloriés.*) — Exposition de l'industrie française *Orfévrerie et fonte des bronzes*, par M. Fréd. Villot.

De la distinction des copies et des originaux en peinture, par M. Th. Gautier. — Réflexions sur la manière d'étudier la couleur, par J.-B. Oudry (*manusc. inédit*). — Hubert et Jean Van Eyck, par M. V. Schoelcher. — Journal de voyages, correspondances et mémoires inédits d'Albrecht Durer. — David Teniers, par M. Arsène Houssaye. — Claude Gelée, dit le Lorrain, par M. Eug. Piot. — Collection de tableaux de Charles Iᵉʳ, roi d'Angleterre, par M. Konrad. — Catalogue général des ouvrages de peinture exposés au salon du Louvre depuis l'origine en 1699 jusqu'à 1789.

Catalogues raisonnés des estampes gravées par Claude Lorrain, Raph. Morghen, Francisco Goya y Lucientes, Valentin Lefebre, etc., etc., et un grand nombre d'articles relatifs à la *biographie*, à la *numismatique*, aux *tableaux*, aux *estampes* anciennes, à la *curiosité*, et un *compte-rendu* très détaillé des *ventes publiques* de la France et de l'étranger. (Prix d'adjudication.)

ON S'ABONNE A PARIS, RUE LAFFITTE, 2.

Prix : Pour Paris, 20 francs; pour les départements, 22 francs

DUCHATEL, Porteur de Catalogues,
Rue du Rocher, 13.

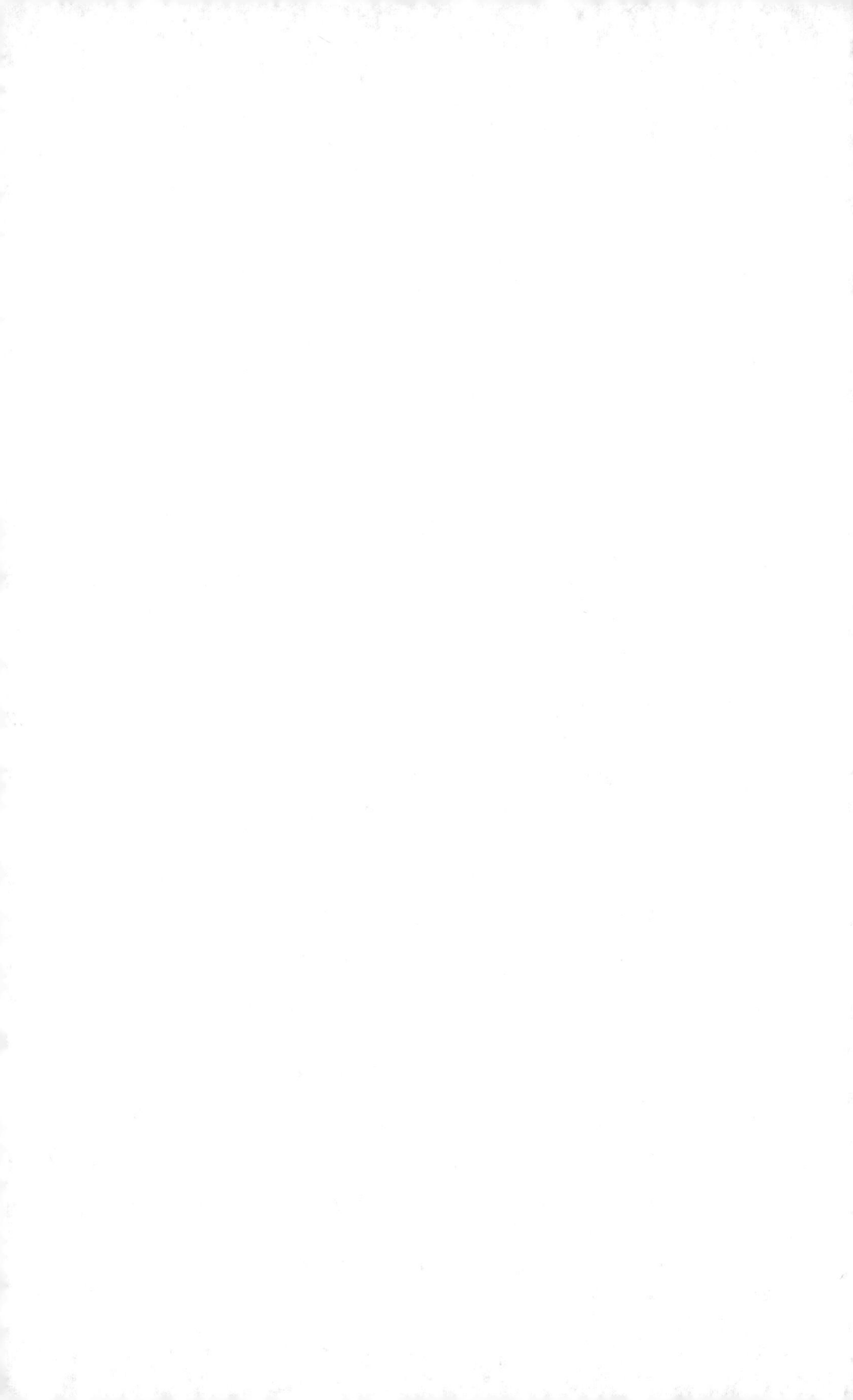

www.ingramcontent.com/pod-product-compliance
Lightning Source LLC
Chambersburg PA
CBHW030110230526
45471CB00003B/1348